—

もやもやしたら、どうする?

自分でできる!
心と体のメンテナンス

監修 荒川雅子

なんか調子が悪くて、もやもやしたら ④

編著 WILLこども知育研究所

はじめに

　ちょっと元気が出ないときやなやみがあるとき、自分のためにしていることはありますか？　私は、今は大学の講師をしていますが、前までは保健室の先生をしていました。保健室には心や体に、いろいろなもやもやをかかえた人たちがやってきます。

　このシリーズでは、そんなもやもやから、自分で自分を少しでも楽にしてあげられるメンテナンスの方法をしょうかいしています。

　4巻では「朝起きるのがつらい」「熱はないけど頭が痛い」「だるい・何もやりたくない」など、病院に行くほどではない気がするけど、調子がいまいちなときに自分でできるメンテナンスを取り上げます。

　保健室のとびらをノックするように、気軽に本を開いてみてください。途中から読み始めても、気になるページだけ読むのもOKです。自分の心と体を大事にできる人になってくれるとうれしいです。大人になろうとしているみなさんを応援しています。

東京学芸大学芸術・スポーツ科学系養護教育講座講師
荒川雅子

もくじ

はじめに …………………………………………………… 2

もやもやファイル① 朝起きるのがつらすぎて ………… 4
朝起きるのがつらいをメンテナンス …………………… 6
もやもやファイル② すぐに落ちこむ・イライラする …… 8
落ちこみ・イライラをメンテナンス ……………………… 10
イライラの正体は ホルモンと関係している? ………… 12
コラム ちょっとした嵐がやってくる「思春期」という時期 …… 14

もやもやファイル③ 熱はないけど頭が痛い …………… 16
熱はないけど頭が痛いをメンテナンス ………………… 18
もやもやファイル④ しょっちゅうおなかが痛くなる …… 20
しょっちゅうおなかが痛くなるをメンテナンス ………… 22
体の調子と関係している 自律神経って何? ………… 24
コラム「気のせい」でも「仮病」でもない いろいろな体の不調 …… 26

もやもやファイル⑤ 大きな声や音がこわい …………… 28
大きな声や音がこわいをメンテナンス ………………… 30
もやもやファイル⑥ だるい・何もやりたくない ………… 32
だるい・何もやりたくないをメンテナンス ……………… 34
だるい・何もやりくないのは ストレスのせい? ……… 36
コラム「もやもや」している 自分の気持ちを言葉にしてみよう …… 38

もやもやファイル⑦ 学校に行きたくない ……………… 40
学校に行きたくないをメンテナンス …………………… 42
これ以上がんばれなくなったときどうしたらいい? …… 44
さくいん・大切な用語集 ………………………………… 46

もやもやファイル ①

朝起きるのがつらすぎて

朝起きるのがつらいを メンテナンス

朝どうしても、自分では起きられない。そのせいで毎朝家族とケンカみたいに。どうしてこんなことになるんだろう。みんなはどう思う？

すいみん時間が足りていないからじゃない？9時にねたら、きっと起きられるよ。

やることがいろいろあるから、毎日9時にねるのって難しいんだよね。

私はねつきが悪いから、おふろ上がりにストレッチしてる。5分以内にねむれるよ。

朝起きられない病気ってあるのかな？ 一度病院に行ってみたら？ 治す方法があるかもしれないし。

なんで起きられないんだろう？

朝起きるのがつらい原因のほとんどは、すいみん不足です。脳と体が大きく変化する小学生の時期には、9～12時間のすいみんが必要です。体内時計が「夜型」になっていると、夜になってもねむくならず、ついつい夜ふかしをしてしまいます。それでも朝は決まった時間に起きなければならないため、十分なすいみんがとれていないことが多いのです。

体内時計は、朝目覚めて太陽の光を浴びてから、14時間くらいたつと、ねむくなるようにセットされています。しかし、夜に強い光を浴びたり、土日にいつもより何時間も朝ねぼうをしたりすると、そのリズムが乱れてしまいます。

生活リズムを整えても、朝起きられないという場合は、自律神経（→P.24）の調節がうまくいかず、めまいや立ちくらみなどが起きる起立性調節障害（→P.27）や、すいみん中に呼吸が止まったり、浅くなったりして、すいみんの質が悪くなる睡眠時無呼吸症候群という病気の可能性もあります。

昼間は体を動かそう！

体育の時間以外、ほとんど運動をしないという小学生が増えています。日中にしっかり体を動かすと、夜ぐっすりとねむれるだけでなく、ストレス解消にもつながります。

休み時間や放課後は、なるべく外で体を使った遊びをしましょう。休みの日には、散歩やジョギングを習慣にしたり、掃除や片づけ、買い物など、家のお手伝いをしたりするのも気持ちがいいですよ。

おふろはねる2時間前に

38〜40度くらいの、ぬるめのおふろにゆっくりと入りましょう。おふろで上がった体温は、2時間くらいたつと下がります。そのタイミングで眠気がやってくるので、ねる2時間前に入るのがおすすめです。

ブルーライトを浴びない

ねる前にブルーライトを浴びると、脳が「まだねる時間ではない」と錯覚を起こし、体内時計が乱れてしまいます。少なくとも布団に入る1時間前には、テレビやスマホ、パソコンやタブレットの画面を見るのをやめましょう。

荒川先生から

まず、「早起き」を意識して

「夜型」の体内時計をセットし直すためには、夜布団に入る時間よりも、朝起きる時間を守ることから始めましょう。遅刻ギリギリではなく、少し余裕をもった時間を「起きる時間」と決め、最初は少しつらくてもがんばって「起きる時間」を守ります。目覚まし時計だけで起きられない人は、◯時になったら部屋のカーテンを開けてもらう、◯時になったらどんなふうに声をかけてもらいたいかなど、おうちの人と約束しておくといいでしょう。

そしてしっかり朝食を食べてトイレに行き、日中は意識して体を動かし、夜は早めにゆっくりとおふろに入れば、自然にねむたくなってくるはず。しばらくの間はつらくても、1〜2週間続けているうちに、だんだん楽に起きられるようになっていきます。

もやもやファイル ②

すぐに落ちこむ・イライラする

落ちこみ・イライラをメンテナンス

理由もなくイライラしたり、ささいなことでキレやすくなったり、急に落ちこんだりすることが前よりも増えた気がする。みんなはどうかな？

小さなことにイライラしちゃうんだ。ママが言うことにいちいち言い返して、ケンカになる。

ぼくも「すぐキレる」って言われる。頭に来たときは、何か言う前に6秒数えろとか言うよね。

ストレスがたまっていたり、すいみん不足だったりすると落ちこみやすくなる気がする。そういうときは早くねるなあ。

ママは「ホルモンバランスの乱れかも」って言ってた。ホルモンって何だか知らないけど。

なんでイライラしちゃうんだろう？

なんでこのごろイライラしちゃうんだろう。その答えは体の中にあります。

子どもの体から大人の体へと変化していく時期を「思春期」といいますが、その準備は10才ごろから始まっています。

この時期に、体の中では性ホルモンや成長ホルモンなどさまざまな脳内物質の分泌が始まりますが、そのバランスはとても不安定。そのため、これまでよりもゆううつになったり、イライラしたり、やる気がなくなったりするのです。

また、自律神経も乱れやすい時期なので、体調をくずしやすく、そのせいで余計にゆううつになったり、イライラしたりすることもあるでしょう。

つまり、「イライラ」は心と体が成長しているしるしです。自分の心と体と向き合って、うまくコントロールできるようになるといいですね。

ホルモンのことはP.12でくわしく解説しているよ。

ぐっすりねむろう

　すいみんには、心と体の「メンテナンス」という大切な役割があります。ねむっている間、体は脳や内臓、自律神経などの不調を整え、次の日に備えています。また、すいみん中に分泌される成長ホルモンは、骨や筋肉を成長させたり、体内の疲労物質を外に出したりしてくれます。

　イライラしたり悲しくなったりと、心が不安定なときは、まずはすいみんを見直してみましょう。

いかりをコントロール

　ムカッとした瞬間に相手に何か言ったり、こうげきしたりすると、事態はもっと悪くなります。ムカッとしたら、まず深呼吸。ゆっくり6まで数えると、理性が働くようになり、冷静に話をしたり、物事を判断したりすることができるようになります。

　もしもキレてしまったら、あとで冷静になったとき「あんなことを言ってごめんね」と謝りましょう。なかなか言いにくいものですが、もやもやをすっきりさせてくれます。

好きなことをしよう

　ストレスも「イライラ、もやもや、キレやすい」の原因になります。勉強のこと、友達のこと、家族のことなど、ストレスを感じたときは、いったんそのことについて考えるのをやめましょう。

　そして、散歩やスポーツをしたり友達とおしゃべりをする、好きなものを食べる、歌を歌うなど、自分の好きなことに熱中するのがおすすめです。体を動かしたり、好きなことをしたりしていると、「幸せホルモン」とも呼ばれるセロトニンが分泌されます。セロトニンには心と体をリラックスさせる働きがあり、いかりやイライラをしずめてくれるのです。ストレスの元である問題については、気分がすっきりしたあとでまた考えましょう。

心と体はつながっている

　「生活リズムを整えよう」と耳にタコができるほど言われてきた人も多いと思いますが、「毎日決まった時間にねて、決まった時間に起きて、決まった時間に食事や排便をし、適度な運動をすること」は、ほんとうにとても大切なことなのです。

　心と体は、深く結びついています。だから体が元気なときは気持ちも前向きになりやすいし、反対に心の元気がなくなると、体の調子が悪くなってしまうことがあるのです。

　夜ふかし朝ねぼう、朝食ぬきなんていう人は、生活リズムを整えるだけで、体調がよくなったり、気分がすっきりしてイライラがなくなったりすることもあります。「まさか」と思う人も、生活リズムを見直して、その効果を実感してみてください。

イライラの正体はホルモンと関係している？

ホルモンは、私たちの体が作り出し、主に血液の中を流れている特別な物質です。ホルモンにはたくさんの種類があって、それぞれが体の働きを調節したり、体の成長をうながしたりしています。

ホルモンが作られる場所

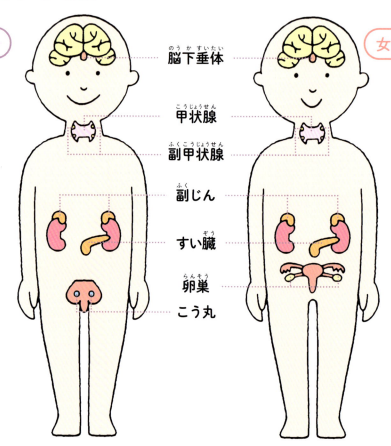

これらの内臓（内分泌腺）だけでなく、全身のさまざまな部分で、それぞれちがうホルモンが作られているよ。

男の子も女の子も、男性ホルモンと女性ホルモンの両方を作り出しているよ。ただその量は、男女で大きく異なるんだ。

ホルモンの種類は、これまでにわかっているだけで100種類以上もあるんだって！

ホルモンは、ほんの少しの量で強い効果をもっている。血液の中にとけている量は、50mプールにスプーン1ぱい分くらい。

ホルモンって何？

体の中のさまざまなホルモンは、血液などによって全身に運ばれ、体を成長させたり、内臓の働きや体の調子を整えてくれます。

小学校高学年から中学生くらいにかけて身長がぐんとのびるのは成長ホルモンの働きで、女の子の胸がふくらんだり、男の子が声変わりをしたりするのは性ホルモン（女性ホルモン・男性ホルモン）の働きによるものです。

ホルモンバランスはくずれやすい

10代から20代にかけては、成長ホルモンと性ホルモンが、一生のうちでいちばんたくさん作られる期間です。ホルモンはほんのわずかな量で強い働きをするため、成長ホルモンや性ホルモンが急にたくさん作り出されると、他のホルモンとのバランスがくずれやすくなります。

そのため、この時期は特に心が不安定になったり、体の調子が悪くなったりしやすいのです。

ホルモンバランスを整えよう

乱れやすいホルモンバランスを整えるには、どうしたらいいのでしょう。もやもややイライラにふり回されないために大切なことをしょうかいします。

すいみん

すいみん不足は、ホルモンバランスだけでなく、自律神経（→P.24）の乱れにもつながります。小学生の理想的なすいみん時間は9〜12時間。毎日決まった時間に布団に入り、少なくとも9時間はしっかりねむるようにしましょう。

運動

適度な運動をすることも、ホルモンバランスを正しい状態に保つためには大切です。運動が苦手な人も、自分のペースで体を動かすと、心地がいいですよ。近所を散歩する、自転車で出かけるなど、自分に合った運動を探してみましょう。

食事

1日3回、決まった時間にきちんと食事をとりましょう。特に大切なのは、朝食です。朝食をとる習慣のない人は、納豆ご飯やバナナなど簡単なものでいいので、少しでも食べるようにしてみてください。

リラックス

ストレスがかかるとホルモンバランスも乱れます。そんなときには、深呼吸をしたり、自分が楽しいと感じることをしたりして、リラックスする時間を作りましょう。ストレッチなどをして、体をほぐすことも大切です。

無理なダイエットはしないで！

女の子の体がふっくらしてくるのは女性ホルモンの影響で、自然なこと。この時期に無理なダイエットをして栄養が足りない状態が続くと、女性ホルモンの分泌が止まり、体に不調が出ることがあります。摂食障害（→P.27）や骨粗しょう症などにつながったり、生涯にわたって健康をそこなうおそれもあります。

女の子は月経が始まると、ホルモンの量が急激に変化するから、この時期は特に体や心の不調が出やすいよ。

コラム
ちょっとした嵐がやってくる「思春期」という時期

子どもから大人へと、心と体が変化していく時期を「思春期」といいます。体も脳も短い間に大きく変化するため、体調や気持ちが不安定になりがちですが、大人になるための大事な準備の期間です。

今このあたり！

乳幼児期　学童期　思春期　大人

子どもから大人へと変化していく期間

思春期っていつからいつまで？

思春期には、何才から何才までというはっきりとした境界線はありません。急激に身長がのびたり、体重が増えたり、体にも心にもさまざまな変化が次々に起こってきますが、いつ始まっていつ終わるのかは、男女によって、また人によってそれぞれちがいます。

思春期はホルモンや自律神経のバランス、体と脳の発達のバランスもくずれやすく、自我が芽生え反抗期をむかえる嵐のような時期で、だれもが通る道。「病気」ではありません。

気分が変わりやすいのも思春期の特徴

何でもないことにいちいち腹が立ったり、イライラしたり、おこりっぽくなったり。そうかと思えばささいなことで傷ついたり、不安になったり、悲しくなったり、人の目がとても気になったりと、気持ちがとても不安定。

こういう気分の変化は、まったくふつうのこと。家族に反抗したくなったり、急にあまえたくなったりすることも、自立に向かっていくための正しい道筋です。ここから少しずつ、感情をコントロールする方法を学んでいくのです。

体にはどんな変化が起きるの？

身長がのびる
女の子は10～13才、男の子は12～14才くらいの間に、1年間で6～10cmも背がのびることも！

体毛が生える
脇や性器の周りに毛が生えてくる。毛はだんだん太くこくなっていく。

汗とにおいが増える
これまでよりも汗をかきやすくなり、におい（体臭）も強くなる。

にきびができる
皮脂が増えて毛穴がつまると、そこに細菌が増えてにきびができる。

男の子の変化

性器が大きくなる
陰茎と精巣がだんだん大きくなり、精巣で精子を作り始める。

ひげが生える
顔の毛が少しずつこくなって、ひげになっていく。

体が大きくなる
胸囲と肩幅が広くなり、身長ののびが止まると筋肉がつき始める。

声が低くなる
声を出すときに使う喉仏が大きくなり、声が低くなる。

女の子の変化

胸が大きくなる
最初は胸にコリコリしたかたまりができ、そこからだんだんふくらんでいく。

おしりが大きくなる
出産をしやすいように骨盤が広がり、おしりに脂肪がついてくる。

月経が始まる
最初のうちはバラバラの周期が、何年かかけて安定する。

体重が増える
骨密度が高くなり、皮下脂肪が増え、丸みをおびた体型になっていく。

自分の体を好きになろう

思春期になると、自分は人からどう見られているかが気になり始めます。顔や体型、体の変化を友達と比べて、劣等感をもったり、小さなことでなやんでしまったりします。

しかし、自分が思いえがく「自分のイメージ」は、まだ混乱していて、客観的とはいえません。顔も体も成長途中で、成長のしかたやスピードには個人差があります。自分を否定的にとらえずに、自分の体のここが好きという部分を大事にしていきましょう。

性のあり方は人それぞれ

自分は女の子、自分は男の子、ということに疑いを感じたことがない人がいる一方で、自分の性に疑問をいだいたり、生まれたときに決められた自分の性別がしっくりこない人もいます。

どんな服を着たいか、どんな相手を好きになるのかは、一人一人みんなちがい、どれが正解・不正解ということはありません。また、こういった気持ちもまだ変化の途中にあります。自分もふくめたさまざまな多様な性のあり方を尊重し、自分らしく生きていくことが大切です。

もやもやファイル ❸

熱はないけど頭が痛い

熱はないけど頭が痛いをメンテナンス

少し頭が重い。頭がガンガンしてはきそう……。
どんなに頭が痛くても、熱がないなら学校に行くべきなのかな？　どう思う？

朝、頭が痛くなることが多いんだ。
熱はないし、お昼ごろには治るんだけど……。

前にものすごく頭が痛くなったとき、副鼻腔炎と言われたよ。薬を飲んだらよくなった。もし鼻水が出ていたら、耳鼻科に行くといいかも。

歯のかみ合わせが悪いとか、肩こりとか、
めがねの度数が合っていなくても頭が痛くなるらしいよ。

毎日のように痛いんだったら、がまんしないで病院に行ったほうがいいと思う。頭痛外来っていう頭痛専門の科もあるみたいだよ。

なんで頭が痛くなるんだろう？

かぜをひいたとき、目や鼻、耳、口に何らかの病気（むし歯など）がある場合には、頭が痛くなることがよくあります。しかしそういう原因がなくても、頭が痛くなることがあります。

かぜなどが原因ではない頭痛には、「緊張型頭痛」と「片頭痛」の二つのタイプがあります。多くの場合、痛みはいつの間にか消えてしまうか、一晩ねれば治りますが、何日も続いたり、強い痛みのせいで登校できなかったりする場合は、市販の薬にたよらず病院へ行きましょう。

頭痛の種類

原因がわかっている頭痛　かぜ、目、鼻、耳、口、脳の病気など

病気が原因ではない頭痛
⬇　　　　⬇

緊張型頭痛
- 頭が重い
- しめつけられるように痛い
- 日常生活はできる
- はき気はない

片頭痛
- 頭の片側（両側）が痛い
- はき気がある（はいてしまう）
- 生あくびが出る
- 痛みがないときは元気

🔧 スクリーンタイムを減らそう

　スマートフォンやタブレットの画面を長時間見続けると、肩や首がこったり、目がつかれて緊張型頭痛が起こる場合があります。

　ゲームや動画など、画面を見る時間が長い、夜ねる時間がおそいなどの自覚がある人は、画面を見る時間を減らし、今より1時間早く布団に入るようにしてみてください。肩や首がつらいときは、おふろでゆっくり体を温めたり、ストレッチをしたりしてから布団に入りましょう。

🔧 生活リズムを見直そう

　頭痛のきっかけは、人によってさまざまですが、なるべくそのきっかけを減らすよう、自分でコントロールすることが大切です。

　思春期は、自律神経（→P.24）の働きが乱れやすいので、頭痛やめまいなどが起こりやすい時期でもあります。やはり早寝、早起き、規則正しい食事、といった生活リズムを整えることがとても大事です。自律神経のバランスは、ストレスや夜ふかしといった、ささいなことでくずれてしまうからです。

頭の痛さはどれくらい？

痛みの程度は、他の人が外から見てもわかりません。どこがどんなふうに痛いのか、どれくらい痛いのか、冷静に判断して伝えることが大事です。絵や数字で、自分の痛みがどれくらいか考えてみましょう。

0	1	2	3	4	5
まったく痛みがない	ちょっとだけ痛い	それよりもう少し痛い	もっと痛い	かなり痛い	泣くほど痛い

荒川先生から　どこがどんなふうに「気持ち悪い」の？

　保健室には、「気持ちが悪い」と言って来る人がたくさんいます。体調がいつもとちがうと感じたら、自分の体の声をよく聞いて、頭が痛くて気持ちが悪いのか、おなかが痛くて気持ちが悪いのか、それともはき気があるのかといったことを、しっかり伝えられるようになってほしいと思います。

　そうして自分の体に向き合うことで、自分の体のことをさらに理解できますし、周りの人も助けてくれるはずです。

　ひんぱんに頭が痛くなる人は特に、いつ、どんなときに痛くなったか、その日の天気、食べたもの、頭のどの場所がどんなふうに痛かったかなどをメモしておきましょう。

　記録をとることで、痛みの原因が自分でもわかるかもしれませんし、もちろん病院での診断にも役に立ちます。

もやもやファイル ④

しょっちゅうおなかが痛くなる

しょっちゅうおなかが痛くなるをメンテナンス

急におなかが痛くなって出かけられない、しょっちゅう下痢をしてしまう、反対に便秘しやすいなど、おなかのなやみはいろいろ。みんなはどう？

朝ご飯を食べて少したつと、ちょっとおなかが痛くなったりするけど、ぼくはトイレに行けばだいたいすっきりしちゃうな。

便秘気味で、トイレに行っても出ない日が多いんだ……。緊張したときに、おなかが痛くなるのも、なんとかならないのかな。

緊張したときは深呼吸をしてみたら？少し気持ちが落ち着くよ。

学校でおなかが痛くなったら、私はすぐ保健室へ行く。痛いのをがまんしていると、授業も聞いていられないし……。

おなかの痛みを引き起こす下痢と便秘

　大腸は、胃で消化された食べ物から水分やミネラルを吸収し、便を作る働きをしています。作られた便をしごくようにして、先へおし出す腸の動きのことを「ぜん動運動」といいます。下痢と便秘は、どちらも大腸のぜん動運動が関係しています。

　ぜん動運動が活発になりすぎると、胃で消化された食べ物は早いスピードで腸を通過してしまうため、水分があまり吸収されず、水を多くふくんだまま排せつされます。これが下痢です。

　反対に、ぜん動運動が弱まったり止まったりして、消化された食べ物から水分が吸収されすぎてかたい便になり、しかもうまく運ばれなくなって出てこないことがあります。これが便秘です。

　腸と脳は深く関わり合っているため、ストレスがかかることで自律神経（→P.24）の働きが乱れて、おなかが痛くなることもあります（過敏性腸症候群）。また、「おなかが痛くなったらどうしよう」という不安も、痛みを引き起こす原因になることがあります。

リラックスしよう！

不安やつらい気持ちをかかえているときは、そのことを家族や友達、先生、スクールカウンセラーなど、話しやすい人に伝えてみましょう。例え問題が解決しなくても、話すことでストレスが解消し、おなかの痛みが減ることもあります。

おなかが痛くなりそうなときは、まずはゆっくり深呼吸。それから目の前のいやなこととは別の、楽しいことを考えるようにしましょう。

深呼吸

1、2、3、4で鼻から深く吸う。

5、6、7、8、9、10で口をすぼめてゆっくりはく。

便秘のときは繊維質

便秘にならないためには、食物繊維をたくさんふくむサツマイモやゴボウ、キノコ類、レンコン、バナナなどの野菜や果物、乳酸菌がとれるヨーグルトなどの食べ物がおすすめです。これらの栄養素には、腸を整えてくれる働きがあります。

下痢には消化のよいもの

下痢のときは、脂質の多い肉やラーメン、お菓子やケーキなどはさけ、おかゆ、うどん、野菜スープなど、温かくて消化のよいものを食べましょう。よく下痢をする人は、冷たいものを飲みすぎていないかなど、生活習慣をふり返ってみましょう。

保健室を上手に利用しよう

おなかが痛くなって保健室に来る人の中では、トイレに行ってもらうと、すっきり治って帰っていくパターンが多いです。登校前にトイレを済ませられず、そのため学校でおなかが痛くなってしまうのです。

毎朝、決まった時間に排便することは、1日中おなかが痛くならずに過ごすためにも、便秘にならないためにも、とても大事な習慣です。

早起きをしてしっかり朝食を食べれば、腸は動き出します。そのタイミングをのがさず毎朝トイレに座る習慣をつけるとよいですよ。

また、学校でトイレに行くのをがまんするのもよくありません。おなかが痛くなったら「保健室に行きます」と言って、ゆっくりトイレを済ませてから保健室に来ても大丈夫です。

体の調子と関係している自律神経って何？

自律神経は、私たちが生きていくために自動的に心臓や内臓を動かしたり、呼吸をしたり、体温調節をしたりする神経です。自律神経は、緊張や生活習慣の乱れなど、ちょっとしたことで乱れ、体の調子をくずす原因になることもあります。

自律神経の働き

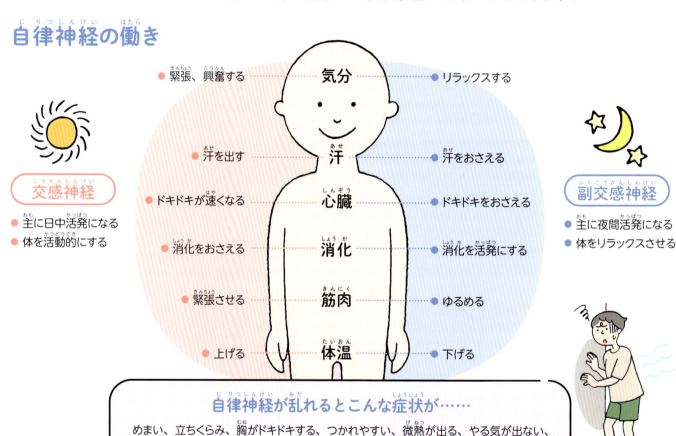

交感神経
- 主に日中活発になる
- 体を活動的にする

気分：緊張、興奮する／リラックスする
汗：汗を出す／汗をおさえる
心臓：ドキドキが速くなる／ドキドキをおさえる
消化：消化をおさえる／消化を活発にする
筋肉：緊張させる／ゆるめる
体温：上げる／下げる

副交感神経
- 主に夜間活発になる
- 体をリラックスさせる

自律神経が乱れるとこんな症状が……
めまい、立ちくらみ、胸がドキドキする、つかれやすい、微熱が出る、やる気が出ない、いつもねむたい、頭痛、肩こり、はき気、便秘、下痢など

自律神経って何？

自律神経は、脳から背骨の近くを通って、内臓や血管へとつながっている神経です。全身のあらゆるところに広がっています。

私たちの体は、意識しなくても心臓が動き続け、呼吸をしたり、血液が流れたり、食べ物を消化したり、汗をかいて体温調節をしたりしています。

これはそれぞれの器官の働きを、自律神経がコントロールしているためです。

体の中のアクセルとブレーキ

自律神経には、主に昼間活発になる交感神経と、主に夜活発になる副交感神経があります。二つの神経は、車のアクセルとブレーキのようにバランスをとりながら、24時間働いています。

このバランスがくずれると、体が正常に働かず、腹痛や下痢、便秘が続く「過敏性腸症候群」や、めまいなどが起きる「起立性調節障害」（→P.27）などの不調が出ることがあります。

自律神経のバランスを整えよう

交感神経と副交感神経がバランスよく働いていると、元気に過ごせます。
自律神経のバランスを整えるルーティンを、毎日の生活に取り入れましょう。

早起き

起きたらカーテンを開け、太陽光で体内時計をリセット。水をコップ1ぱい飲もう。

朝食
乳酸菌や食物繊維を意識した朝食を食べよう。よくかんで楽しく食べることが大事。

トイレ
毎日だいたい決まった時間にうんちを出そう。「朝うんち」の習慣がない人も、朝食のあとは必ずトイレに座ってみよう。

体を動かす

体育の授業がない日も、休み時間や放課後に外で体を動かそう。ウォーキングやジョギングもおすすめ。

夕食
ベッドに入る3時間前には夕食を食べよう。夕食の時間がおそくなってしまいそうな人は、先におふろを済ませよう。

おふろ
シャワーだけで済ませずに、38～40度のぬるめのおふろにゆっくりつかろう。おふろ上がりには水分補給も忘れずに。

リラックス

軽いストレッチや翌日の準備をする。テレビやスマホはやめて、リラックスして過ごそう。

布団に入る
暑すぎず寒すぎない静かな部屋で、電気を消してたっぷりねむろう。

イライラしたり心配なことがあったりするときは、「いいにおい」をかいで、気分を変えるのも効果的です。
好きなにおいの入浴剤やシャンプー、ボディソープを使うのもおすすめです。

「気のせい」でも「仮病」でもない いろいろな体の不調

ホルモンバランスや自律神経の働きが乱れやすい思春期。
これまで取り上げた以外にも、体のあちこちに不調が現れやすくなります。
思春期に起こりやすい、その他の体の不調にはどんなものがあるのでしょう。

息が苦しい！ 過換気症候群

息を何回も激しく吸ったり吐いたりする「過呼吸」になることで生じる、さまざまな症状のことをいいます。過呼吸になると、血液中の二酸化炭素がへって息が苦しくなり、めまいや動悸、胸の痛み、手足のしびれやけいれんなどが起こります。過呼吸は不安や緊張などをきっかけに起き、パニックになってしまうこともありますが、数分から長くても1時間以内には、自然に治まることがほとんどです。それでも治まらない場合は、病院に行きましょう。

落ち着いて腹式呼吸をしよう

おなかに手を当てて、1、2、3、4で鼻から息を吸う。

数秒止める。

1、2、3、4、5、6、7、8でゆっくりとはく。

やめられない ネット依存・ゲーム障害

インターネットやゲームを、頭では「やめなければ」とわかっているけれどやめられず、生活に影響が出てしまう病気です。ネットやゲームなどの刺激は、脳内に「ドーパミン」という快楽物質を分泌させます。ドーパミンはやる気のスイッチのようなものですが、ネットやゲームの刺激はドーパミンを分泌させすぎるため、その行動をやめるのが難しくなってしまいます。勉強するときは家族にスマホを預ける、別の部屋に置くなど、ルールを決めて使うことが大事です。また、家族に協力してもらってもやめることが難しいときは、病院で相談に乗ってもらうといいでしょう。

ふらふらする
起立性調節障害

自律神経（→P.24）の働きが悪くなり、朝起きたときや立ち上がったときに脳や全身への血流が低下することで、さまざまな不調が生まれます。多くは10〜16才ごろに見られる病気です。朝のうちは症状が強くても、午後になるとよくなるため、「サボりたいからだ」などと誤解されてしまうこともあります。

主な症状
- 朝起きられない
- 頭痛
- 腹痛
- はき気
- めまい
- 立ちくらみ
- 心臓がバクバクする

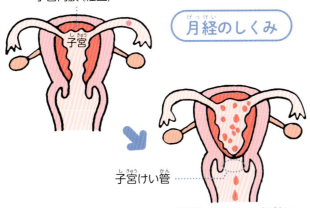

月経のしくみ

おなかが痛い!
月経痛（生理痛）

子宮からはがれ落ちた子宮内膜（経血）をおし出すために、子宮を収縮させる「プロスタグランジン」というホルモンが分泌されることで起こります。特に思春期の女子は、子宮も小さいため、かたい子宮けい管を経血が流れるときに痛みが強く出たり、月経をネガティブにとらえることでより痛みを感じることもあるといわれています。薬を飲んでも治らないような痛みは、病気が原因の場合もあります。

もっとやせたい
摂食障害

体重や体型にこだわりすぎてしまい、うまく食べることができなくなってしまう病気です。食べられない「拒食症」と、食べすぎてしまう「過食症」に分けられ、食後におうとをくり返すこともあります。これらの状態が続くと、月経が止まる、身長がのびなくなる、骨折しやすくなる、心臓が弱るなど、将来にわたって全身に悪い影響があり、放っておくと、命に関わってくる可能性もあります。

> 病気か、病気でないかを見きわめるのはとても大事。気になる症状が続くときは病院を受診しましょう。

もやもやファイル ⑤

大きな声や音が こわい

大きな声や音がこわいをメンテナンス

急に大きな音がすると心臓がバクバクする、頭がガンガンして、たえられない。同じ音を聞いていても感じ方は人によってちがうのかな？ みんなはどう？

風船が割れる音とか、運動会のピストルや大きな笛の音は、ドキッとするから苦手なんだ。

私は音は平気だけど、洋服のタグがチクチクするのがいやだから、全部切ってもらってる。

それって、HSC（ハイリー・センシティブ・チャイルド＝とても繊細で敏感な子ども）っていうやつじゃない？

聴覚（耳）だけじゃなくて、触覚（皮膚）、視覚（目）、嗅覚（鼻）が過敏な人もいるらしいよ。

音がこわい、音が苦しい 聴覚過敏のこと

例えば、学校のチャイムの音、救急車のサイレン、食器がふれ合う音、ドライヤーの音、掃除機の音など、苦手な音は人によって、そのときの体調などによってもちがいます。

聴覚が過敏な人は、他の人が気にならない音がとても気になったり、きょうふや苦痛を感じたりします。そのため、イライラしたり、ぐったりつかれたりしてしまいます。ストレスや不安が強いときには、いつもよりさらに敏感になりやすいといわれています。

病気ではない 生まれつきの繊細さや敏感さ

最近よく耳にするHSC（ハイリー・センシティブ・チャイルド）は、とても繊細で感覚が敏感な子どものこと。アメリカの心理学者エレイン・N・アーロン博士が名づけた心理学の言葉です。

病気ではなく生まれつきの性質で、5人に1人は、その傾向をもっているともいわれます。大きな音や強い光が苦手、においやはだざわり、味が気になるなど、さまざまな刺激に対して他の人より強く反応してしまうため、つかれを感じやすいのです。

苦痛をわかってもらおう

聴覚過敏は、「がまんが足りない」とか「慣れたら気にならなくなる」というものではありません。その音を何度も聞くことで、苦手意識が強くなり、ますますつらくなってしまうこともあります。

何の音がどんなふうにこわいのか、どれくらい苦痛なのかを、家族や友達、先生に伝え、家や学校などでは、できるだけ苦手な音を減らせるよう相談してみましょう。

自己防衛しよう

聴覚過敏の人は、大きな音がする場所へ行くときは、耳せんやノイズキャンセリング機能がついたイヤホン、イヤーマフをつけて行くといいかもしれません。光が苦手な人はサングラスをする、においが気になる人はマスクをする、洋服のチクチクした触感が気になる人は苦手な服を着ないなど、自分を守る工夫をしましょう。

ストレスを減らそう

ストレスを感じていると、感覚はいつもより過敏になります。自分に合ったストレス解消法や気分転換の方法を、探しておきましょう。

ストレス解消法の例

- 散歩をする
- ゆったりおふろにつかる
- 好きなことをする
- 好きな香りをかぐ
- 好きな音楽をきく
- 好きなものを食べる
- 好きな人と楽しく過ごす
- 一人でのんびりする
- 笑う
- たっぷりぐっすりねむる

 荒川先生から

一人でかかえこまないで

音や光、においなど、もしも学校でつらいと感じていることがあったら、友達や先生に話してみてください。自分のつらさを人に理解してもらうことで心が少し軽くなったり、それを「つらい」と感じているのが自分だけではないことがわかると、ちょっと安心できるかもしれません。

また、話すことで先生や友達は、どうしたらいいかを考え、例えば、運動会でピストルを鳴らさない、いすや机を引きずらないなど、いろいろな対処法を見つけてくれるかもしれません。

そして、あなたが何かを「つらい」と感じているように、友達にも何か別の「つらい」ことがあるかもしれません。みんなで気持ちを分け合って、その気持ちに寄りそい合うことが大切です。

もやもやファイル ⑥

だるい・何もやりたくない

だるい・何もやりたくないを メンテナンス

頭も体もだるくて重い。勉強も習い事も、何もやる気が起こらない、めんどうくさい、やりたくない。どうしてこんな気持ちになるんだろう。みんなはどう？

だるい、っていう気持ちよくわかる。別につかれるようなことをしたわけでもないのに……。

いやなこともめんどうくさいことも、とにかくやり始めれば、意外と調子が出てきたりするよ。

うーん、そうなのかなぁ。何からやるか考えるのも、だるくなっちゃう。

なんでもやもやしているのか、何がいやなのか、ノートに書いてみるのはどう？　書くとすっきりするよ。

「やる気」が出ないときは、だれにでもある

　宿題をやりたくない。習い事や塾にも行きたくない。遊びに行くのもめんどう。そんな気持ちになることは、だれにでもあります。

　やる気が出ない原因は、人によってさまざまです。例えば、勉強や習い事、遊びの予定や家の用事などがぎっしりだと、想像以上につかれがたまり、体を動かす元気がなくなってしまうことがあります。またすいみん不足のときや、ストレスがたまって心に元気がないときも、「やるぞ」という気持ちはわいてこないのです。

　そんな気分のとき、何もしたくないからねてしまおうと、夜早くねるのはいいことです。しかし、夕方近くに昼寝をしたりすると、すいみんのリズムがくずれ、自律神経の働きが乱れてしまい逆効果。「なんで自分はこんなにだめなんだ」と、自分を責めるのもよくありません。

　体と心はつながっています。まずはしっかり食べて十分ねむり、体のつかれを取ること。そして、ストレスを解消したり、ストレスをばねにしたりすることで、「やる気」はまたわいてきます。

場所を変えてみよう

机に向かっても全然勉強する気になれない。そんなときは、リビングやダイニング、他の部屋、庭、図書館など、いつもとはちがう場所でノートを広げてみましょう。新鮮な気持ちになって、意外にはかどることがあります。

 ## 楽しくなくても笑おう

笑いには、緊張をほぐし、ストレスをやわらげ、心をリラックスさせてくれる効果があります。それだけでなく、笑うと脳の海馬（新しいことを学習するときに働く器官）が活性化され、記憶力がアップし、脳の血流量も増えるため、脳の働きが活発になるといわれています。

本や漫画、テレビや動画を見て笑うのはもちろん、何もおもしろいことがなくても、「あはは」と笑ってみるだけで効果があります。

 ## リストを作ってみよう

やることがありすぎて、何からやればいいのかわからない、というときは、リストを作ってみましょう。やらなければならないことを書き出してみると、意外に少なくて「これならやれそう」と思うかもしれません。

たくさんあるときは、簡単なこと、短い時間でできることから始め、終わったらチェックボックスに✔を入れて、達成感を味わいましょう。

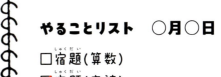

 荒川先生から

「だるい」と言うのを減らしてみよう

心と体はつながっているので、心がつかれていると当然やる気は起きないし、体がつかれていたり、体調が悪かったりするときにもやる気は出てきません。すいみん不足やストレスなどで、自律神経のバランスが乱れているときにも、この「やる気が出ない」という症状が現れることがあります。

また、「だるい」という言葉を最近よく耳にしますが、何でもかんでも「だるい」と言って、実際にやってみる前から脳にそう思いこませていたら、やる気は出てきにくいものです。やる気を起こすドーパミンは、何か行動を起こすと初めて、脳から分泌されます。

つい「だるい」と言いそうになったら、いったんがまん！　まずは手を動かしてみましょう。

だるい・何もやりたくないのはストレスのせい？

やる気が出ないのはストレスのせい。おこりっぽいのもストレスのせい。
病気になったのも、太ったのもきっとストレスのせい……と、
みんなが悪者にしたがる「ストレス」って、そもそもどういうものなのでしょうか？

ストレスと心の状態をゴム風船に例えると

ストレスって何？

ストレスがかかっているというのは、外側からの力（ストレスの原因）によって、ゴム風船がゆがんでしまった状態です。へこんだゴム風船が元にもどろうとするように、私たちは自然にストレスをおし返そうとしますが、ストレスが強すぎたり長く続いたりすると、風船はなかなか元の形にもどらなくなったり、はれつしたりしてしまいます。
それによって頭痛やだるさなどの体調不良や、やる気が出ない、気分がしずむなど心への影響が出てくることを「ストレス反応」といいます。

ストレスの元になるのは？

私たちにとってストレスになるのは、どんなことでしょう。例えば引っ越しや転校をしたり、親が離婚をしたり、ペットが死んでしまったり、「別れる」ということは大きなストレスです。事故、災害、けがや病気、家のこと、学校の問題、友達との関係もストレスになるでしょう。
さらに旅行や発表会、運動会といった楽しみなイベントさえ、ストレスになる場合があります。しかし、そのストレスをうまく力に変え、よい成果を手にすることだってできるのです。

ストレスに負けないために

ストレスは、思わぬところからふりかかってきます。
ストレスを体や心の不調につなげずに、よい力に変えるには何ができるでしょうか。

ストレス予防

心と体を健康に保つ
規則正しいすいみん、食事、運動の生活習慣を心がけ、体と心を健康にしておくことが、ストレスへの備えになります。

折れない心を作る
ストレスにうまく対応する力、折れずに回復する力を「レジリエンス」といいます。レジリエンスを高めるには、「自分の長所を見つけて自信をもつ」「物事のよい面を見つける」などを意識することが大切です。

ストレス

ストレスサインに気づく
ストレスサインに気づければ、無理する前に休めます。ストレスサインには、イライラ、落ちこみ、ねむれないなどがあります。

原因を探す
最近の自分の生活をふり返り、何が心に引っかかっているのか、つらいのかなどを冷静に見つけ出しましょう。

相談する

一人でかかえこまない
ストレスは原因がなくなれば消えますが、自分一人の力ではどうにもならないことがたくさんあります。家族や友達、先生や身近な大人などに話してみましょう。保健室の先生やスクールカウンセラーも力になってくれるはずです。

ストレス解消

原因を取り除く
一人ではどうにもならない問題も、大人の力を借りることで解決できることがあります。また、完全に解決できなくても、ストレスを弱める方法は見つかるかもしれません。

ストレスとうまくつき合う
自分が好きなことや気持ちがいいと感じることをして、心と体を休ませましょう。また、今の状態からストレスだけでなく、よい面も見つけられると、ストレスは次第に減っていきます。

> こんなこと人には相談できない、と思っていませんか？　先生やカウンセラーには、大きななやみも小さな困りごとも、つらいできごとも家庭の問題も何でも話していいんですよ。秘密は守ります。

「もやもや」している自分の気持ちを言葉にしてみよう

つらいこと、困ったこと、ショックなことがあったとき、すぐに泣いたり、ぐちを言ったり、弱音をはいたりするのはよくないことだと思っていませんか？
しかし、ほんとうに困ったときは、言葉にすることがとても大事です。

言葉にしなければ状況は変わらない

いかりや悲しみなどのネガティブな感情をかかえていると、心と体にさまざまな悪い影響が出てくることがあります。こういうとき、今の自分が感じていることを言葉にすることで、ストレスをやわらげたり、イライラやいかり、恐怖などをおさえられるといわれています。

また、人に相談するときも、できるだけ正確に今の気持ちや状況を伝えることで、共感や理解を得やすくなります。

多くの人が一人でなやんでいる

書くことや、おしゃべりが好きな人は、自分の気持ちを言葉で表すのもそんなに難しくないかもしれません。しかし多くの人は、自分の気持ちをうまく表現できず、人に話してもわかってもらえないだろうと一人でなやんでいます。

言葉にしなければ、つらい状況は何も変わらないどころか悪くなることもあります。今の自分の気持ちになるべく近い言葉を探してみることから始めましょう。

自分の気持ちにぴったりの顔を見つけよう！

　今の気持ちにぴったりだと思う顔を下から見つけたら、それはどんな気持ちを表す表情なのか考えてみましょう。前のページの言葉から選んでも、自分で思いついた言葉や本、漫画などから探してきた言葉を使ってもOKです。

　絵の得意な人や、今の自分にぴったりの顔がこの中から見つからない人は、自分で絵をかいて、その顔がどんな気持ちを表しているのかを考えて、言葉にしてみましょう。

今どんな気持ち？

もやもやファイル 7
学校に行きたくない

学校に行きたくないを メンテナンス

学校に行きたくないと思ったことがある人、今もそう思いながら登校している人は、どのくらいいるんだろう？ 学校へ行きたくないと思うとき、みんなはどうしてる？

かぜをひいて具合が悪ければふつうに休むんだから、心が元気じゃないときも休んじゃだめなのかな？

私は学校はきらいじゃないけど、すごくつらくなったら保健室に行って、早退しちゃえばいいんじゃない？

ぼくはたまに行きたくないと思うよ。そういうときは、帰ったらゲームをする！って決めて登校してる。

ほんとうに行けなくなる前に、やっぱり親か先生かスクールカウンセラーに相談したほうがいいと思うよ。

学校に行きたくないさまざまな理由

　朝になると頭やおなかが痛い、起きられない、友達との関係が気まずくなった、先生がきらい、授業がつまらない、給食がいや、親がうるさい、家族の仲が悪い、ゲームやSNS、動画を見ていたいなど、学校に行きたくないと思う理由はたくさんあります。そして学校に行く意味がわからないとか、理由はない（わからない）けど行きたくない、という人もいます。
　だから「学校に行きたくない気持ちが消える」方法は一つではありません。

　しかしどんな理由でも、「学校に行きたくない」というもやもやが続くのは、体と心を元気に動かすための電池が切れかかっているとき。はっきりとした問題があるときは、それを解決しなければなりませんが、ゆっくり休んで、好きなことをして、充電することも大切です。
　ただしゆっくり休むというのは、「学校を休んでずっとねている」ということではありません。休みながらも、規則正しい生活を心がけることで、心と体は元気を取りもどします。

なんとなく行きたくないとき

　だれにも言えないもやもやしている自分の気持ちを日記や紙に書いてみましょう。書くことですっきりする場合もありますし、自分の気持ちをじっくり観察していくと、「なんとなく」の理由がわかって、他の人にも相談しやすくなります。

人間関係がつらいとき

　いじめられているとき、友達との関係がうまくいっていないときなどは、友達だけではなく、家族や先生、カウンセラーなどに早めに相談しましょう。人生経験のある大人から、役に立つアドバイスがもらえるかもしれません。席替えや班替え、クラス替えなどで、環境を変えることもできます。

授業や勉強、成績の問題

　担任の先生や家族に話しにくい場合は、スクールカウンセラーに相談しましょう。カウンセラーから先生や親に話してもらうこともできます。
　勉強方法についてアドバイスを受けたり、家庭教師や自分に合った塾などを利用することも一つの手段です。

毎朝体調が悪くなるとき

　まずはかかりつけの病院か、近くの小児科クリニックへ行きましょう。体の症状だけでなく、学校へ行きたくない気持ちも伝えれば、アドバイスをしてくれたり、必要な検査や治療ができる専門的な病院をしょうかいしてくれたりするかもしれません。

ねむくて行きたくないとき

　夜早くねむるために、少しつらくても早起きして太陽の光を浴び、昼間の間はしっかり体を動かすことを習慣にしましょう。また、ゲームや動画を見る時間、スマホを使う時間などをはっきり決めて、家族と約束しましょう。

荒川先生から

どんなことでも相談して

　担任の先生、保健室の先生、スクールカウンセラー、スクールソーシャルワーカーなど、学校にはなやみを聞いて、アドバイスをしたり、解決の手伝いをしてくれたりする人がいます。いちばん相談しやすいと思う人を選んで、相談してください。
　学校に行きたくないと思うことは、決していけないこと、だめなことではありません。行きたくない理由があるときも、理由がわからないときも、なるべく早く話をしてみましょう。
　こんなこと相談してはいけないのでは？とか、学校に相談してもしょうがない、なんて思わずに、学校に関係のあることはもちろん、学校とは関係のないことも、小さななやみも大きな問題も、どんなことでも話していいのです。

これ以上がんばれなくなったとき どうしたらいい？

がんばって登校していたけれど、もうこれ以上がんばれない。でも不登校になってしまうのはこわい。一回休んで、ほんとうに行けなくなってしまったらどうしよう。そんなときにできることをしょうかいします。

不登校だったことのある大人からのアドバイス

Aさんの提案

ぼくは勉強やスポーツのことで親との関係が最悪になって、不登校になりました。しばらくたってからぼくも親もカウンセリングに行くようになって、少しずつ関係はよくなったけど、学校に行けるようになるまでに2年もかかりました。

勉強のおくれは取りもどせるからそんなに心配しなくてもいいけど、親と話してもケンカになるだけで何も解決しない！という人は、なるべく早く先生やカウンセラーに相談したほうがいいと思います。

Bさんの提案

小学4年生ごろから教室にいるのが苦しくなって、5年生から不登校になりました。フリースクールに通ううちに夢ができましたが、中学にもあまり通えなかったので通信制高校へ進み、塾に行きながら勉強しました。そして目指していた大学に合格。大学はとても楽しかったし、今は好きな仕事をして、わりと楽しく働いています。

不登校になっても、人生が終わるわけではありません。勉強する方法や夢をかなえる方法は、たくさんあります。ゆっくり休んで元気になって、それを探していってください。

「行きたくない」は冷静に伝える

朝ベッドの中で「学校に行きたくない」と言って、起きないと、親はたいてい「行きなさい」とおこって、言い争いになってしまいます。冷静に話し合って、気持ちを理解してもらうためには、前の日に落ち着いて話しましょう。

前日は行くつもりだったのに、朝になって「行けない」と思ったときは、いつもどおりに起きて服を着てから話したほうが、親も冷静に話を聞いてくれるはずです。

小さい目標を立ててみよう

続けて休んでしまうと、余計に行きにくくなってしまう場合もあります。親と先生に話し合ってもらい、みんなより早い時間に登校する、2時間目か3時間目から登校する、給食の前に早退する、保健室や図書室に登校するなど、できる範囲で登校を続けるという方法もあります。

そして、学校に行けない自分を責めるのではなく、少しでも学校に行けた自分、がんばっている自分をほめてあげることも大事です。

条件つきで休もう

　もうこれ以上がんばれないと思ったら、休んでもいいのです。学校に行けないのは、「ものすごく悪いこと」ではありません。

　どうしても今日は休みたいけれど、不登校になってしまうのがこわいと思っている人は、「今日は休むけれど明日から行く」「今日の時間割の勉強はする」「家のお手伝いをする」など、家族と約束しておくのもいいと思います。

学校を休んだ日の過ごし方

　学校を休むと、つい朝起きる時間がおそくなるなど、生活リズムが乱れがちです。そうすると、自律神経の働きが乱れ、ますます学校に行くのがつらくなってしまいます。

　生活リズムを整えるためにも「朝服を着替えたら、図書館で勉強する」など、1日のおおまかな予定を立てて過ごしてみましょう。自分で立てた予定を守れると、自信もつきますよ。

朝：着替え → 午前中（いつもの時間に）：食事・勉強 → 午後：リラックス・お手伝い・好きなことをする・軽い運動

家族にも学校にも相談できないときは

名前を言わずに、電話やLINE、チャットで相談できるところがあります。

電話で相談する

- **24時間子供SOSダイヤル**　0120-0-78310
  （文部科学省　24時間365日）
- **チャイルドライン**　0120-99-7777
  （チャット相談もできます）
  （特定非営利活動法人 チャイルドライン支援センター
  毎日16時〜21時）
- **いのちの電話**　0120-783-556
  （メールでの相談もできます）
  （一般社団法人日本いのちの電話連盟　毎日16時〜21時　毎月10日は8時〜翌8時）
- **こどもの人権110番**　0120-007-110
  （メールでの相談もできます）
  （法務局　月〜金曜日　8時30分〜17時15分）

SNSで相談する

- **こころのほっとチャット**
  （NPO法人東京メンタルヘルス・スクエア）
  ○毎日9時〜11時50分（11時まで受付）／
  毎日12時〜15時50分（15時まで受付）／
  毎日17時〜20時50分（20時まで受付）／
  毎日21時〜23時50分（23時まで受付）
  ○月曜日の早朝4時〜6時50分（6時まで受付）／
  毎月最終土曜日の深夜0時〜朝5時50分
- **生きづらびっと**
  （NPO法人自殺対策支援センターライフリンク）
  ○毎日8時〜22時30分（22時まで受付）

- **あなたのいばしょチャット相談**
  （特定非営利活動法人あなたのいばしょ）
  ○24時間365日
- **LINEじんけん相談**
  （法務局）
  ○月〜金曜日　8時30分〜17時15分

SNSで知らない人に相談するのは、絶対にやめましょう！優しい言葉で近づいてくる悪い大人がいます。

さくいん

あ
- 頭が痛い（頭痛）あたまがいたい（ずつう） ……… 18、19
- いかり いかり …………………………………… 11、38
- イライラ いらいら ……… 10、11、12、13、14、25、37、38
- 運動（体を動かす）うんどう（からだをうごかす）
  ………………………………………… 7、13、37、45
- HSC えいちえすしー ………………………………… 30
- 落ちこみ おちこみ ………………………………… 10、37
- おなかが痛い（腹痛）おなかがいたい（ふくつう）…22、23
- おふろ おふろ ……………………………… 7、19、25

か
- 海馬 かいば ………………………………………… 35
- カウンセラー かうんせらー …………………… 37、43
- 過換気症候群 かかんきしょうこうぐん …………… 26
- 過呼吸 かこきゅう ………………………………… 26
- 過食症 かしょくしょう …………………………… 27
- 学校に行きたくない がっこうにいきたくない …… 42、43、44
- 過敏性腸症候群 かびんせいちょうしょうこうぐん … 22、24
- 体を動かす（運動）からだをうごかす（うんどう）… 7、25
- 気持ちが悪い きもちがわるい …………………… 19
- 拒食症 きょしょくしょう ………………………… 27
- 起立性調節障害 きりつせいちょうせつしょうがい …
  ………………………………………………… 6、24、27

- 緊張型頭痛 きんちょうがたずつう ……………… 18、19
- ゲーム障害 げーむしょうがい …………………… 26
- 月経 げっけい …………………………… 13、15、27
- 月経痛 げっけいつう ……………………………… 27
- 下痢 げり …………………………………… 22、23、24
- 交感神経 こうかんしんけい …………………… 24、25
- 骨粗しょう症 こつそしょうしょう ………………… 13
- 幸せホルモン しあわせほるもん ………………… 11

さ
- 思春期 ししゅんき ……………… 10、14、15、19、26、27
- 食事 しょくじ …………………………………… 13、45
- 女性ホルモン じょせいほるもん ………………… 12、13
- 自律神経 じりつしんけい …………………………
  ……… 6、10、11、13、14、19、24、25、26、35、45
- 深呼吸 しんこきゅう …………………………… 11、13、23
- すいみん すいみん …………………………… 11、13、37
- 睡眠時無呼吸症候群 すいみんじむこきゅうしょうこうぐん …… 6
- すいみん不足 すいみんぶそく ………………… 6、13、35
- スクールカウンセラー すくーるかうんせらー …
  ……………………………………………… 23、37、42、43
- スクリーンタイム すくりーんたいむ …………… 19
- 頭痛（頭が痛い）ずつう（あたまがいたい）…
  ……………………………………………… 18、19、24、27
- ストレス すとれす ………… 11、23、31、35、36、37、38
- ストレス解消 すとれすかいしょう ……………… 31、37

大切な用語集

じりつしんけい
【自律神経】
内臓の働きや体温、呼吸などを調節する神経のこと。意思とは関係なく、24時間働いている。交感神経と副交感神経の2種類ある。

せいかつりずむ
【生活リズム】
食事、すいみん、運動などの規則的な生活習慣のこと。生活リズムを整えることで、心と体の調子も整っていく。逆もまたしかり。

せいちょうほるもん
【成長ホルモン】
体の機能を調節するホルモンのうち、脳から分泌され、骨や筋肉を成長させるホルモン。すいみん中に多く分泌される。

ストレス反応　すとれすはんのう	36
生活リズム　せいかつりずむ	6、11、19、45
成長ホルモン　せいちょうほるもん	10、11、12
性ホルモン　せいほるもん	10、12
摂食障害　せっしょくしょうがい	13、27
セロトニン　せろとにん	11
先生　せんせい	23、37、42、43
ぜん動運動　ぜんどううんどう	22
相談　そうだん	37、43、45

た
ダイエット　だいえっと	13
体内時計　たいないどけい	6、7、25
だるい　だるい	34、35、36
男性ホルモン　だんせいほるもん	12
聴覚過敏　ちょうかくかびん	30、31
朝食　ちょうしょく	25
ドーパミン　どーぱみん	26、35

な
ネット依存　ねっといぞん	26
脳内物質　のうないぶっしつ	10

は
はき気　はきけ	18、24、27
早起き　はやおき	7、25

副交感神経　ふくこうかんしんけい	24、25
腹式呼吸　ふくしきこきゅう	26
腹痛（おなかが痛い）　ふくつう（おなかがいたい）	24、27
不登校　ふとうこう	44、45
ブルーライト　ぶるーらいと	7
片頭痛　へんずつう	18
便秘　べんぴ	22、23、24
保健室　ほけんしつ	23、37、42、43、44
ホルモン　ほるもん	12、13、14
ホルモンバランス　ほるもんばらんす	12、13、26

ま や ら わ
やる気　やるき	34、35
夕食　ゆうしょく	25
リラックス　りらっくす	11、13、23、24、25、35、45
レジリエンス　れじりえんす	37
笑い　わらい	35

すくりーんたいむ
【スクリーンタイム】
スマートフォンやタブレットなどの画面を見ている時間のこと。また、どのアプリをどのくらいの時間使ったか確認したり、アプリを使う時間を制限したりできる機能のこと。

すとれす
【ストレス】
外からの刺激を受けたときに、心や体に起きる緊張した状態のこと。多少のストレスは、やる気や集中力を高めるが、ストレスが大きくなりすぎると心や体に不調が出ることもある。

たいないどけい
【体内時計】
生き物が生まれつきもっている、心拍や呼吸、すいみんなどの体のリズムを整えるしくみ。約24時間で一周する。太陽の光を浴びることで、リセットされる。

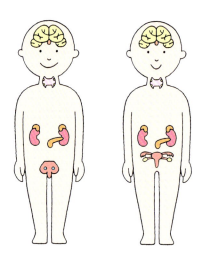

監修 荒川雅子 あらかわ まさこ

東京学芸大学芸術・スポーツ科学系養護教育講座講師。千葉県の小学校・中学校で約20年にわたり、養護教諭として心や体に不調を抱える子どもたちの保健指導に携わる。現在は、東京学芸大学で養護教諭を目指す学生の指導・育成を行いながら、養護教諭の成長プロセスについて研究している。主な共著に『子育て支援員研修テキスト（第3版）』（中央法規出版）、『養護教諭必携シリーズ 新版 学校保健 チームとしての学校で取り組むヘルスプロモーション』（東山書房）などがある。

編著 WILLこども知育研究所

幼児・児童向けの知育教材の企画・開発・編集を行う。主な編著に『知らなかった！おなかのなかの赤ちゃん図鑑』『ぱっと見てわかる！ はじめての応急手当(全3巻)』（以上、岩崎書店）、『いろんな人に聞いてみた なんでその仕事をえらんだの？(全2巻)』（金の星社）、『すいみん図鑑(全3巻)』（フレーベル館）など多数。

もやもやしたら、どうする？
自分でできる！
心と体のメンテナンス
④なんか調子が悪くて、もやもやしたら

2024年10月31日　第1刷発行

監　修	荒川雅子
編　著	WILLこども知育研究所
発行者	小松崎敬子
発行所	株式会社岩崎書店
	〒112-0014 東京都文京区関口2-3-3 7F
	電話 03-6626-5080（営業）
	03-6626-5082（編集）
印　刷	TOPPANクロレ株式会社
製　本	大村製本株式会社

ISBN 978-4-265-09194-2　48p　29×22cm　NDC146
©2024　WILL
Published by IWASAKI Publishing Co., Ltd. Printed in Japan.

落丁本・乱丁本は小社負担にておとりかえいたします。
ご意見ご感想をお寄せ下さい。E-mail info@iwasakishoten.co.jp
岩崎書店ホームページ　https://www.iwasakishoten.co.jp

本書のコピー、スキャン、デジタル化等の無断複製は著作権法上での例外を除き禁じられています。
本書を代行業者等の第三者に依頼してスキャンやデジタル化することは、たとえ個人や家庭内での利用であっても一切認められておりません。
朗読や読み聞かせ動画の無断での配信も著作権法で禁じられています。

医学監修	高見 剛（代々木上原こどもクリニック 院長）
表紙イラスト	長野美里
イラスト	さいとうあずみ、やまおかゆか (P.39)
デザイン	鳥住美和子 (chocolate.)
編　集	岡 遥香 (WILL)、橋本明美
ＤＴＰ	小林真美 (WILL)
校　正	村井みちよ